El estudio del artista

La pintura

por Jenny Fretland VanVoorst

Bullfrog
Books

Ideas para padres y maestros

Bullfrog Books permite a los niños practicar la lectura de texto informacional desde el nivel principiante. Repeticiones, palabras conocidas y descripciones en las imágenes ayudan a los lectores principiantes.

Antes de leer

- Hablen acerca de las fotografías. ¿Qué representan para ellos?

- Consulten juntos el glosario de fotografías. Lean las palabras y hablen de ellas.

Lean en libro

- "Caminen" a través del libro y observen las fotografías. Deje que el niño haga preguntas. Señale las descripciones en las imágenes.

- Lea el libro al niño, o deje que él o ella lo lea independientemente.

Después de leer

- Inspire a que el niño piense más. Pregunte: ¿Que tipo de cosas te gusta pintar? ¿Alguna vez has pintado algo de lo cual estas muy orgulloso?

Bullfrog Books are published by Jump!
5357 Penn Avenue South
Minneapolis, MN 55419
www.jumplibrary.com

Library of Congress Cataloging-in-Publication Data

Names: Fretland VanVoorst, Jenny, 1972– author.
Title: La pintura / por Jenny Fretland VanVoorst.
Other titles: Painting. Spanish
Description: Minneapolis, Minnesota: Jump!, Inc. 2016. | Series: El studio del artista | Includes index.
Identifiers: LCCN 2015040143|
ISBN 9781620313251 (hardcover: alk. paper) |
ISBN 9781624963858 (ebook)
Subjects: LCSH: Painting—Juvenile literature.
Classification: LCC ND1146.F7418 2016 |
DDC 750—dc23
LC record available at http://lccn.loc.gov/2015040143

Series Designer: Ellen Huber
Book Designer: Michelle Sonnek
Photo Researcher: Michelle Sonnek
Translator: RAM Translations

Photo Credits: All photos by Shutterstock except: 123RF, 10–11; CanStock, 6–7; Corbis, 10–11; Dreamstime, 8, 24; Glow Images, 5; iStock, 9; SuperStock, 4, 12–13, 20–21; Thinkstock, 3, 18–19, 22tr.

Printed in the United States of America at Corporate Graphics in North Mankato, Minnesota.

Tabla de contenido

Estudio de un pintor

Sal es un pintor.

Trabaja en un estudio.

Sal pinta escenas abstractas.
Utiliza pinturas al óleo.

Sal pinta en un lienzo.

Utiliza colores brillantes.

Hace trazos gruesos
con su pincel.

9

Ya término. ¡Mira!

¿Te gusta la
pintura de Sal?

Lea es una
pintora también.

Ella pinta afuera.

Lea prepara su caballete.

Ella utiliza sus acuarelas.

Pintara el bosque.

Lea agrega agua
a las pinturas.

El agua hace que
los colores fluyan.

Ya terminamos.

¡Mira!

¿Te gusta la
pintura de Lea?

¡Inténtalo!

Pintar es divertido.

Herramientas de un pintor

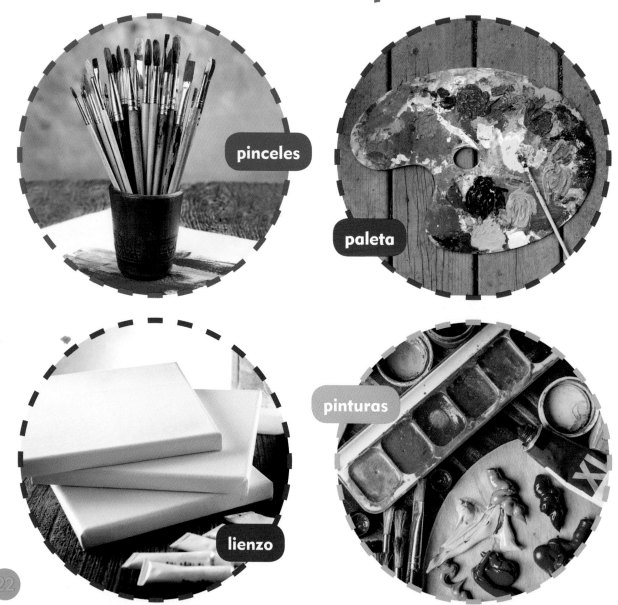

pinceles

paleta

lienzo

pinturas

Glosario con fotografías

abstracto
Un estilo de pintar en donde se intenta ser distinto a las pinturas realísticas.

estudio
El lugar donde trabajan los artistas.

acuarelas
Pinturas cuya parte líquida es agua.

lienzo
Pedazo de tela que se usa como superficie para pintar.

caballete
Marco que se usa para apoyar el lienzo de un artista.

pinturas al óleo
Pinturas cuya parte líquida es aceite.

Índice

Para aprender más

Aprender más es tan fácil como 1, 2, 3.

1) Visite www.factsurfer.com

2) Escriba "lapintura" en la caja de búsqueda.

3) Haga clic en el botón "Surf" para obtener una lista de sitios web.

Con factsurfer.com, más información está a solo un clic de distancia.